AF243609

IR 1270.

VÉRITÉS

AUX CAPITULANS

A BASSE TERRE-GUADELOUPE.

En jetant les yeux sur les procès-verbaux et les réquisitions faites les 29 et 30 Germinal dernier par les prétendues autorités constituées de la Guadeloupe, réunies auprès de l'infâme COLLOT pour livrer cette Colonie, on ne peut qu'être indigné de l'impudeur des assertions des menbres composant ce Conseil, et de la tournure paradoxale de leurs opinions, qui, d'après leur style, paraissent n'avoir eu *qu'un seul et même rédacteur.* Ces résolutions prises sans avoir vu l'ennemi, contre lequel ces soi-disans Républicains n'ont pas même brûlé une amorce, doivent donner la mesure de leur patriotisme ; il n'existait comme celui de COLLOT, que dans les placards dont ils tapissaient journellement les murailles. Leur défection dans ce moment essentiel explique le motif de leurs persécutions dirigées contre les patriotes les plus prononcés, de leurs déclamations contre le Corps représentatif de la Colonie, que la faction gouvernementale avait fait remplacer par une cohue d'êtres vendus au chef militaire et aux contre-révolutionnaires qui les avaient élus. Elle explique l'objet des conciliabules nocturnes qui se tenaient chez COLLOT avant l'invasion de la Colonie, et des ordres donnés par lui et son assemblée, de marcher contre la Pointe-à-Pître (*ordre qui a été effectué au moment où les ennemis s'emparaient de la Martinique*), qu'ils désignaient comme une Ville rebelle, tandis qu'elle seule dans la Guadeloupe a eu l'honneur d'offrir à la Patrie et à la Liberté des Martyrs, qui ont préféré la mort au joug de leurs ennemis.

Je dois, pour l'honneur de mes frères d'armes, réfuter les prétextes dont la trahison et la lâcheté ont cherché à s'envelopper pour enlever cette intéressante Colonie à la République.

Hommes faux ! hommes contre-révolutionnaires de 1792, qui avez à cette époque lâchement arboré l'étendard de la révolte, qui avez su vous maintenir en place par la cabale, qui avez alimenté la guerre civile dans ma patrie adoptive, après avoir imprégné de votre modérantisme les esprits faibles et timides, après avoir égaré partie de mes frères de couleur, en vous couvrant de la carmagnole républicaine, vainement plusieurs de nous ont fait des efforts pour vous démasquer, vos spadassins, vos gagistes nous fermaient la bouche dans les clubs et aux assemblées de commune ! Scélérats, lisez le compte que j'ai rendu et remis à *Prieur* (de la Marne) avant de descendre à terre, et qui doit être en ce moment à la Commission nommée pour nous juger ! vous y trouverez votre conduite.

En me référant à cette pièce, je m'isole de la municipalité de la Basse-Terre : que l'on ouvre ses registres, on y verra mon opinion, on y verra si j'ai donné une signature, sans faire mes réserves sur les procès-verbaux .... Au surplus, le témoignage de mes concitoyens me replace à la même hauteur où j'étais à la Guadeloupe.

Comme commandant temporaire de la ville, je me suis trouvé abandonné à moi-même ; ma garnison n'était composée que d'une vingtaine de citoyens vétérans. COLLOT, en me restraignant à ce commandement, m'enleva quatre compagnies qui formaient le corps de réserve, les dissémina où il lui plût, sans m'en donner connaissance, à l'exception de la compagnie *Chalvet* que je reçus l'ordre de faire marcher.

Voici le moment où je puis répondre à *Vauchelet* et à ses collègues. Il a osé dire *que ce n'est pas lui qui est parjure, que c'est le peuple ou la majorité des citoyens qui abandonnent les magistrats.* Lisez, *Vau-chelet* et consorts ; la pièce suivante est em-preinte encore de la signature du traître votre idole.

Au Citoyen COLLOT, *Gouverneur-Général, au Palmiste.*

L'escadre débouque du Vieux-Fort ; je suis avec

les premiers pouvoirs constitués (1) en attendant vos ordres. Je vous annonce que les membres de la Chambre administrative ont pris des congés pour l'Hôpital et le Palmiste ; mais je ne les ai point visés, n'en ayant point été requis.

SALUT. Le Commandant de la Place,

Signé, RIBAUT.

« La gauche m'occupe ; vous n'avez autre chose à faire qu'à pointer droit ; tirez beaucoup, bien et bien chaudement ».

Signé, COLLOT.

Eh bien ! est-ce le peuple ou vous, qui avez abandonné vos postes ? Mais où êtes-vous allés ? Vous vous êtes retirés secrétement dans la maison du traître *Armand* pour capituler à votre aise et sans témoins. Si vous étiez restés à votre poste ; si vous aviez requis de COLLOT, votre ami et votre complice, une garde respectable pour la ville, elle n'aurait pas été incendiée sans nécessité, sans, militairement parlant, avoir vu aucun poste avancé de l'ennemi...... Mais, que dis-je ! malheureuses familles patriotes, ce n'était pas assez de vous livrer aux Anglais, il fallait détruire la demeure de vos femmes et de vos enfans !

---

(1) Je regardai la municipalité comme le premier corps constitué, et je dois dire qu'elle n'a quitté la ville qu'avec moi, c'est-à-dire, après l'évacuation de la droite et sur l'ordre que j'en reçus, tant par le commandant *Fontelliau*, que par l'aide-de-camp *Campan*. Les lignes de droite évacuées, la ville était ouverte, et point de troupes.....

Collot, dans son dire, ment effrontément en tout son contenu. Je dis effrontément, parce que tous les membres présens savaient, à ne point en douter, que c'était lui qui avait donné l'ordre d'évacuer la droite aux commandans *Lafolie* et *Fontelliau* [ce dernier en est porteur] (2). Sur cette évacuation on peut entendre les citoyens *Aubert*, adjudant-général, et *Choiseau*, adjudant de bataillon indemnisé. Celui-ci, lorsque l'ordre parut, allait entreprendre de couper la communication du Matouba avec les hauteurs de la Basse-terre en détruisant le pont Nozières. Collot parle encore du Walkanal : il ment. La compagnie Duval, à l'exception des modérés-aristocrates, a conservé son poste jusqu'au 21 avril (*vieux style*) ; si ces prétendus magistrats n'eussent point été de complicité avec le traître, ils l'auraient démenti en plusieurs points. Quelle est la cause de l'évacuation des postes du Trou-au-Chien et du Boucannier (3) ? N'était-ce pas le voyage

- - -

(2) Le commandant *Fontelliau* a repris ses lancettes, et est parti dans l'expédition en qualité de *premier chirurgien de l'armée*. J'ignore s'il a fait le dépôt de l'ordre.

(3) Les membres connaissaient la position topographique du Walkanal, qui n'est autre chose qu'un poste central, couvert par des montagnes en avant, et dont les avant-postes sont à une lieue et demie, tels que le Trou-au-Chien et le Boucannier, dans les défilés desquels était la masse de la force armée, inaccessible, défendue par dix contre cent : et on laisse *Collot* se borner à parler du Walkanal !

de Collot et de sa suite à la Capesterre ; de son aide-de-camp *Chabert de la Hery*, qui répandaient dans chaque poste que les ennemis étaient au nombre de douze à quatorze mille hommes. N'étaient-ce pas eux qui, pour augmenter le découragement et la terreur, proclamaient que les femmes et les enfans avaient été passés au fil de l'épée à la Pointe-à-Pitre ? N'est-ce pas COLLOT qui a désorganisé le bataillon des Noirs, en y jetant l'alarme, en y plaçant pour officiers partie d'hommes sans talens militaires, et qui n'étaient connus que par leurs motions incendiaires pour opérer la destruction des patriotes et de la Pointe-à-Pitre ? N'est-ce pas lui qui a conservé *Rogé* dans son grade de capitaine, qui l'a placé dans les premières lignes des Trois-Rivières pour lui donner l'aisance de se livrer à l'ennemi avec la majeure partie de sa compagnie ? Ne sont-ce pas ces mêmes membres qui, de concert avec Collot, ont défendu aux Noirs nouvellement armés de porter les couleurs nationales, sous peine d'être envoyés à leur attelier (*voyez l'ordre du jour du 29 Germinal*). N'est-ce pas lui COLLOT qui a désorganisé la garde nationale, en la disséminant sous d'autres chefs que leurs chefs immédiats ? Nest-ce pas COLLOT (lorsque le le scélérat *Bouchony*, lieutenant de la compagnie de Ducomet aîné, jeta son fusil, en disant, au nom de la compagnie, qu'elle ne se battrait pas pour des mulâtres), qui fit Ducomet son aide-de-camp ? Qu'arriva-t-il ?

La récompense du chef, l'impunité du lieutenant, jetterent le désordre dans la compagnie, qui fut dissoute au même instant.

Mais une nouvelle intrigue se prépare ;
COLLOT envoie secrétement dans le fort St-
Charles le nommé *Deluzin*, un de ses affidés,
pour concerter une insurrection dans la garnison, dont l'objet était de l'y retenir pri-
sonnier. Aussi-tôt *Ducomet* jeune, autre
créature de ce chef, et commandant du fort,
expédie un dragon au camp général pour
donner avis de cette prétendue insurrection.
COLLOT eut l'air d'être retenu de vive force
dans la place, et ce fut-là qu'au milieu des
traîtres *Séranne* (4), *Deluzin*, *Palustre*,
Ducomet, et de quatre-vingt-deux contre-
révolutionnaires, détenus dans le fort et mis
en liberté par Collot et sa faction, on con-
somma l'infame projet, médité depuis long-
tems, de livrer sans coup férir des fortifica-
tions qui pouvaient se défendre six mois. O
vous, prétendus magistrats capitulans, voilà
quels ont été vos mandataires, et vous l'avez
souffert !

Membres de l'assemblée *désorganisatrice*,

---

(4) Ce fut le 14 avril que COLLOT bréveta le scélérat *Séranne* commandant du fort, au sortir d'une
orgie chez le contre-révolutionnaire *Godet*, maire de
la Capesterre, où avait assisté le nommé *Jaye*, aussi
commandant de la haute plaine. Le jour de la livraison
de l'isle, ce *Séranne* s'installa secrétaire du général
Anglais Dundas.

et vous Municipaux, je vous somme, au nom de la patrie, de me répondre : Pourquoi n'avez-vous pas réfuté les fausses assertions de *Collot*, de *Thyrus* et de l'ordonnateur *Voisin*, relativement à à la prétendue insurrection des noirs ? Dans quel lieu, dans quel coin de la colonie a-t-on entendu parler d'une insurrection avant et depuis le siège ? Malheureux citoyens de couleur, vous êtes encore en ce moment l'objet de l'injustice de ces hommes qui dans leur coeur, et malgré leurs démonstrations hypocrites de patriotisme, n'ont cessé de vous en vouloir, et pour qui la loi de l'égalité n'a jamais été qu'un long supplice ! Pour cacher leur lâcheté et leur perfidie, ils rejetaient sur vous la perte de cette partie de la République, qui, passant sous le joug des Anglais, cessait d'être pour vous une terre de liberté, tandis qu'ils y auraient trouvé le rétablissement de leur ancienne distinction. Ah ! que ne vous êtes-vous réellement insurgés ! Vous eussiez mieux servi la patrie par cette utile insurrection, que cette masse impure de planteurs, de gros marchands, d'égoïstes, de modérés, de muscadins, ennemis de l'égalité; vous eussiez sauvé la colonie.

Membres de l'assemblée désorganisatrice, et vous Municipaux, n'avez-vous pas vu dans le dire de *Voisin* qui, pour appuyer ses comptes, a laissé incendier les papiers de son administration ; n'avez-vous pas vu dans son exposé la preuve de ses dilapidations?

Pouviez-vous entendre de sang-froid ce voleur public vous dire qu'il manquait de fonds et de moyens, lorsque vous saviez qu'il avait à sa disposition tous les atteliers des biens sequestrés, les bestiaux, les voitures, les nègres des habitans voisins, etc. Mais la terreur !.. Ou plutôt, la pièce était à son dénoûment... Vous aviez fait de beaux sermens! Mais vous avez trouvé plus prudent de ne pas les tenir (5).

C'en est assez, lorsque la Commission sera munie des diverses dépositions reçues dans les ports de mer, j'y remettrai les ordres de *Collot* au soutien de mon compte rendu ; je ne cesserai ensuite de publier par-tout, que

____

(5) L'ex-noble *Bovis*, membre de l'assemblée administrative et juge au tribunal de district de la Basse-terre, le meneur du club et des assemblées de commune, avait fait le serment, ainsi que ses collègues, *que quand même la bombe tomberait sur l'encrier, ils ne seraient pas parjures.* La bombe ne venant pas, ils furent la chercher. On ne voit dans les procès-verbaux que quatre membres de bonne-foi, *Beauro-rocher, Robinson* *, *Babut* et *Albert*, encore ce dernier a-t-il signé. Sans doute, et j'aime à le croire, les cris des femmes, occasionnés par la terreur que les *désorganisateurs* avaient si perfidement semée parmi ces êtres faibles, ont conduit la main.

* *Par quelle fatalité* Robinson *et* Beaurocher, *membres de la commune, qui devaient être à leur poste militaire, ont-ils été appelés à cette requisition? L'énigme s'explique : il fallait à ces messieurs quelques collaborateurs vraiment républicains;* Beaurocher *et* Robinson, *hommes de couleur, devaient supporter à eux seuls l'indignation de leurs frères.*

les membres de la chambre administrative et *désorganisatrice* sont les auteurs et les complices de la perte de la colonie, du désastre des patriotes, de leur séparation d'avec leurs femmes et leurs enfáns. Les infortunés!... Que sont-ils devenus (6) au milieu de nos féroces ennemis les émigrés ? Ah! si, comme les modérés et les égoistes, ils eussent pu prévoir le sort de la colonie et éprouver le sentiment honteux de la crainte, ils auraient eu, comme eux, le tems de se précautionner, d'emporter des lettres de change sur le trésor, et la misère ou la mort ne serait pas leur partage !

Paris, le 26 Brumaire, an 3me de la République française, une et indivisible.

Signé, RIBAUT.

---

(6) Ce qu'ils sont devenus ! Je viens d'apprendre que la citoyenne Dugommier, épouse du général de ce nom, et bien d'autres dont les maris sont déportés, avaient été mises aux fers et jetées dans les prisons de la Basse-terre ; quelques-unes ont eu le bonheur de se sauver à la Nouvelle-Angleterre... Voilà ce qu'ont produit, en dernier résultat, les intrigues et les menées des vils idolâtres d'un faux-Gouverneur qui s'est indistinctement joué de ses amis et ennemis !

De l'Imprimerie de LIMBOURG, rue des Filles Thomas, No. 2.

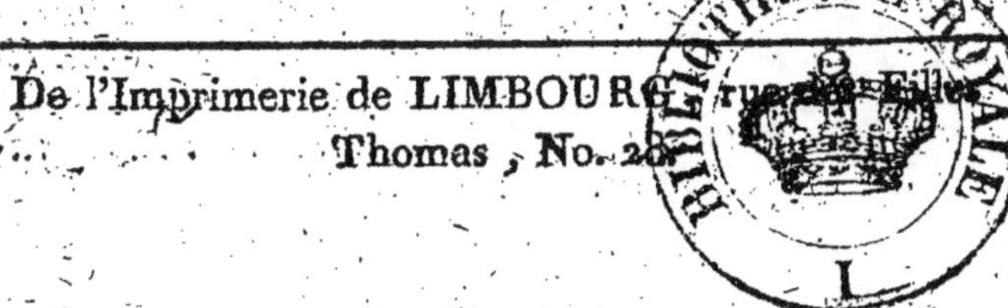